科学巨星——沈括

◎ 主编 金开诚

◎ 编著 李翠翠

吉林出版集团有限责任公司

吉林文史出版社

图书在版编目（CIP）数据

科学巨星——沈括 / 李翠翠编著. —— 长春：
吉林出版集团有限责任公司：吉林文史出版社,2010.11 (2023.4重印)
ISBN 978-7-5463-4113-2

Ⅰ. ①科… Ⅱ. ①李… Ⅲ. ①沈括 (1031~1095) —
传记-通俗读物 Ⅳ. ①K826.1-49

中国版本图书馆CIP数据核字(2010)第222252号

科学巨星——沈括

KEXUE JUXING SHENKUO

主编/ 金开诚　编著/ 李翠翠

项目负责/崔博华　责任编辑/崔博华　高原媛

责任校对/高原媛　装帧设计/李岩冰　董晓丽

出版发行/吉吉林出版集团有限责任公司　吉林文史出版社

地址/长春市福祉大路5788号　邮编/130000

印刷/天津市天玺印务有限公司

版次/2010年11月第1版　2023年4月第5次印刷

开本/660mm×915mm　1/16

印张/9　字数/30千

书号/ISBN 978-7-5463-4113-2

定价/34.80元

前　言

　　文化是一种社会现象，是人类物质文明和精神文明有机融合的产物；同时又是一种历史现象，是社会的历史沉积。当今世界，随着经济全球化进程的加快，人们也越来越重视本民族的文化。我们只有加强对本民族文化的继承和创新，才能更好地弘扬民族精神，增强民族凝聚力。历史经验告诉我们，任何一个民族要想屹立于世界民族之林，必须具有自尊、自信、自强的民族意识。文化是维系一个民族生存和发展的强大动力。一个民族的存在依赖文化，文化的解体就是一个民族的消亡。

　　随着我国综合国力的日益强大，广大民众对重塑民族自尊心和自豪感的愿望日益迫切。作为民族大家庭中的一员，将源远流长、博大精深的中国文化继承并传播给广大群众，特别是青年一代，是我们出版人义不容辞的责任。

　　本套丛书是由吉林文史出版社和吉林出版集团有限责任公司组织国内知名专家学者编写的一套旨在传播中华五千年优秀传统文化，提高全民文化修养的大型知识读本。该书在深入挖掘和整理中华优秀传统文化成果的同时，结合社会发展，注入了时代精神。书中优美生动的文字、简明通俗的语言、图文并茂的形式，把中国文化中的物态文化、制度文化、行为文化、精神文化等知识要点全面展示给读者。点点滴滴的文化知识仿佛颗颗繁星，组成了灿烂辉煌的中国文化的天穹。

　　希望本书能为弘扬中华五千年优秀传统文化、增强各民族团结、构建社会主义和谐社会尽一份绵薄之力，也坚信我们的中华民族一定能够早日实现伟大复兴！

目录

一、沈括其人 001

二、《梦溪笔谈》 019

三、科技成就 053

四、历史评价 099

一、沈括其人

（一）沈括小传

在我国北宋时期，有一位博学多才、成就卓著的科学家，他就是沈括。他精通天文、数学、物理学、化学、生物学、地理学、农学和医学；他还是卓越的工程师、出色的外交家；同时，他博学善文，对方志律历、音乐、医药、卜算等无所不精。他晚年所著的《梦溪笔谈》详细记载了劳动人民在科学技术方面的卓越贡献和他自己的研究成果,反映了我国古代特别是北宋时期自然科学取得的辉煌成就。《梦溪笔谈》不仅是我国古代的学术宝库,而且在世界文化史上也占有重要的地位,被誉为"中国科学史上的坐标"。

沈括生于官宦之家,父亲和祖父都曾任大理寺丞,他的母亲也是来自官宦之家。外曾祖父曾任刑部尚书,外公许仲容曾任太子洗马,二舅许洞(976-1015年)不但是咸平三年(1000年)的进士,也是军事名著《虎钤经》的作者(成于景德元年,共二十卷,二百一十篇,是一部综合性兵书,留存至今),这些家族背景对沈括未来的影响很大。少年时期的沈括随父亲宦游,得以见到各地的风物,在《梦溪笔谈》一书中有许多记录就是来自这一时期。12岁时,父亲沈周在泉州为他延师,开展对礼乐制度的学习。18岁至南京,他又对医药产生了极大的兴趣。

　　皇祐三年(1051年)父亲沈周去世,三年后沈括因荫官成为沭阳主簿。在这段期间,他历任东海县令、宁国县令,他平定海州之乱,整治沭水和芜湖,对于地方事务有深刻的体验,这对他后来推行新政有极大的帮助。

　　嘉祐八年(1063年)沈括登进士第,于次年(1064年)任扬州司理参军。治平三年(1066),沈括入京,任昭文馆编校。由于馆职闲暇,沈括开始研究天文和历法。到了熙宁五年(1072)沈括被任命为兼提举司天监,正式主持司天监的修历工作。这段期间,他整顿人事,推荐对历算专精的民间人士卫朴进入司天监参校新历,于熙宁

八年修成《奉元历》。

鉴于编历时发现观测天象的准确十分重要，他发现司天监和翰林天文院所用的浑仪、浮漏和圭表准确度有问题。因此，他仔细研究后发表了《浑仪议》《浮漏议》《景表议》和《熙宁晷漏》等文，讨论并修订了这些天文仪器的误差。其后因制成新观象仪，随即在熙宁七年(1074年)升迁为右正言，司天秋官正。右正言是八品官，担任的是谏诤之职，而司天监的秋官正则是正五品上的官职，相当于国家天文台的专员，可见朝廷对他才华的肯定。

熙宁年间王安石推行新法，沈括很快地投入到这一声势浩大的改革行动当中，这一时期他最关切的问题是军事、经济和外交。

熙宁七年九月，沈括任河北西路察访使，于次月再兼判军器监，在这一职位任

职两年，撰写了《重定九军阵法》一书讨论军队的战术。为了建立更有效的城防制度，他又撰写了《修城法式条约》一书。

在王安石的保举下，他于熙宁六年出访两浙，并于两浙推行保甲法和青苗法。并于熙宁八年十月被任命为权发遣三司使，掌管邦国财用大计，对于盐钞、钱币、役法等财政事务贡献良多。

沈括于熙宁七年十一月出使辽国，由于对敌情的认识，他于次年三月在资政殿上奏揭发辽国争地无据的事实，并于次年闰四月再次出使辽国，六月归时，完成《使契丹图钞》。

沈括于元丰三年(1080年)六月转任鄜延路经略，开始担任军事将领。元丰四年(1081)春，西夏引兵来犯，沈括师出上郡，克强敌七万。但随即因徐禧专擅，执意兴建永乐城，西夏遂发兵三十万围永乐，以八万袭沈括所驻绥德。沈括虽以一万之

众力克强敌，但终因永乐城之不保，被坐降为团练副使。

沈括在扬州任司理参军时，为淮南转运使张刍所赏识。因此，当沈括丧妻时，张刍遂将女儿许配给沈括，然而，张氏悍虐，根据沈括在《萍洲可谈》的记载，她平时常殴虐沈括，并迫逐元配之子。居秀州时，甚至每年惊动官府，父子被控，吵闹不休。然而，沈括却不念于此，张氏死后，他曾投水寻短，于次年过世。

沈括的著作颇多，但目前存者仅十之一二，而存者又多为残本，尚可见有以下几种：

《图画歌》(存)，《苏沈良方》(存)，《乙卯入国奏请并别录》(残)，《忘怀录》(残)，《笔谈》(残)，《补笔谈》(残)，《续笔谈》(残)，《长兴集》(残)。

亡佚书目如下:

《易解》《丧服后传》《乐论》《乐器图》

《三乐谱》《乐律》《春秋机括》《左氏记传》

《南郊式》《合门仪志》《熙宁详定诸色人厨料式》

《熙宁新修凡女道士给赐式》《诸敕式》《诸敕令格式》

《诸敕格式》《使虏图钞》《怀山录》《天下郡县图》

《清夜录》《熙宁奉元历经》《熙宁奉元历立成》

《熙宁奉元历备草》《比较交食》《熙宁晷漏》

《修城法式条约》《茶论》《良方》

《灵苑方》《集贤院诗》《诗话》

沈括晚年在梦溪园认真总结自己一生的经历和科学活动，写出了闻名中外的科学巨著《梦溪笔谈》和《忘怀录》等。宋哲宗绍圣二年（1095年）逝世。他一生著作多达几十种，但保存到现在的，除《梦溪笔谈》外，仅有综合性文集《长兴集》和医药著作《良方》等少数几部了。《梦溪笔谈》是中国科学史上的坐标，是沈括一生社会和科学活动的总结，内容极为丰富，包括天文、历法、数学、物理、化学、生物、地理、地质、医学、文学、史学、考古、音乐、艺术等共六百余条。其中二百余条属于科学技术方面，记载了他的许多发明、发现和真知灼见。

（二）沈括轶事

据说有一次，许多人议论白居易写的《游庐山大林寺》中"人间四月芳菲尽，山寺桃花始盛开"两句诗，嘲笑白居易写错了，理由是这首诗写于唐元和十二年四月九日，那时桃花已经谢了。可是沈括却认为，深山里气候比较寒冷，所以桃花比平原上开得迟，白居易尊重事实，没有写错。

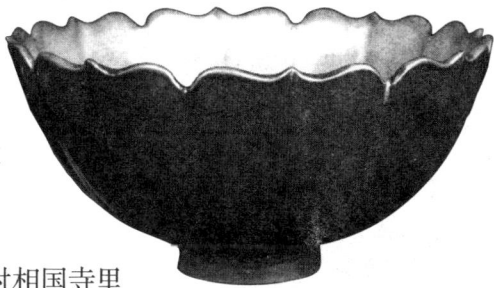

还有一次，一些人看开封相国寺里一幅壁画，壁画上画着管乐队在演奏。有人说画家画错了，理由是管乐演奏者在吹四字音，可是那个弹琵琶的手指不是在拨四字音所在的上弦，而是掩着下弦。沈括仔细琢磨以后,钦佩地说:"这位画家太高明了,很精通音乐!"接着他亲身示范,并作了精辟的说明:"弦乐同管乐是不同的。吹奏管乐,手指按在什么部位就发什么音,是同时的;弹琵琶就不同了,手指先拨弦,然后才发音,也就是动作要比声音早。所以,演奏管乐的人在吹四字音的时候,弹琵琶的人的手指已准备拨下一个音了。"在场的人无不为沈括的高见所折服。

沈括不但办事认真细致,而且精通地理。

自从宋真宗以后,宋朝一直依靠每年送给辽朝大量银绢,维持跟辽朝暂时和平的局面,但是辽朝欺宋朝软弱,想进一步侵占宋朝土地。1075年,辽朝派大臣萧禧到东京,要求划定边界。

宋神宗派大臣跟萧禧谈判,双方争论了几天,没有结果。萧禧一定说黄嵬山(在今山西原平西南)一带三十里地方应

该属于辽朝。宋神宗派去谈判的大臣不了解那里的地形，明知萧禧提出的是无理要求，却没法反驳他。宋神宗就另派沈括去谈判。

沈括先到枢密院，从档案资料中把过去议定边界的文件都查清楚了，证明那块土地应该是属于宋朝的。他向宋神宗报告了此事，宋神宗听了很高兴，就要沈括画成地图送给萧禧看，萧禧这才无话可说。

宋神宗又派沈括出使上京（辽朝的京城，在今内蒙古自治区巴林左旗南）。沈括首先收集了许多地理资料，并且叫随从的官员都背熟。到了上京，辽朝派宰相杨益戒跟沈括谈判边界问题，辽方提出的问题，沈括和官员们都对答如流，有凭有据。杨益戒一看没有空子好钻，就板起脸来蛮横地说："你们连这点土地都斤斤计较，难道想跟我们断绝友好关系吗？"

沈括理直气壮地说："你们背弃过去的盟约，想用武力来胁迫我们。真要闹翻了，我看你们也得不到便宜。"

辽朝官员说不服沈括，又怕闹僵了，对自己没好处，只好放弃了无理要求。

沈括带着随员从辽朝回来，一路上，每经过一个地方，就把那里的大山河流和险要关口画成地图，还把当地的风俗人情，调查得清清楚楚。回到东京以后，他把这些资料整理起来，献给宋神宗。宋神宗很高兴，拜他为翰林学士。

沈括为了维护宋朝边境的安全，十分重视地形勘察。有一次，宋神宗派他到定州（今河北定县）去巡视。他假装在那里

打猎，花了二十多天时间，详细考察了定

州边境的地形，还用木屑和融

化的蜡捏制成一个立体地图

模型。回到定州后，沈括要

求木工用木板根据他的模

型，雕刻出木制的模型，献给

宋神宗。这种立体地图模型自然

比绘制在纸上的地图更直观。

宋神宗对沈括画的地图和制作的地

图模型很感兴趣。第二年，就叫沈括编

制一份全国地图。但是不久，沈括受人诬

告，被朝廷贬谪到随州（今湖北随县）了。

在那里，环境虽然很艰苦，但是他坚持

绘制没有画完的地图，后来，他换了几个

地方的官职，也是一面考察地理，一面修

订地图，坚持了十二年，终于完成了当时

最准确的一本全国地图——《天下州县

图》。

沈括是研究兴趣非常广泛的科学

家。他在天文、历法、音乐、医药、数学等

方面都十分精通。为了观察北极星的位置，他一连三个月，每天夜里用浑天仪观测，终于计算出北极星的正确位置。他晚年闲居在润州（今江苏镇江）的梦溪园，就把自己一生研究的成果记载下来，写了一本著作《梦溪笔谈》。这本书除了记载他自己研究的成果外，还记录了当时劳动人民的许多创造发明，如毕昇的活字印刷术等。这部我国古代科学技术史上的重要文献，被誉为"中国科学史上的坐标"，沈括也成为我国古代杰出的科学家。

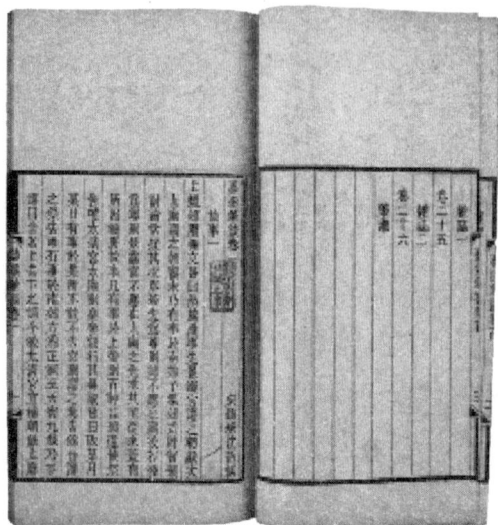

似暑多病賜歸征大惩行路琴之闷
栅栖清陰满庭户寒泉溜崖
石白雲集朝暮像貌如金玉周
子关無度息景以清揺無言
恩與旷 逃學親友秋暑辞
親辥事千役目寫幽栅寒松并
题五言以贈名者招隱之意
月十二日兒贊

二、《梦溪笔谈》

　　沈括晚年的居所——梦溪园，位于润州（今江苏镇江）城东的朱方门外。据沈括自己说，他在三十多岁时曾经梦见一处景致，那里山水相映，花如覆锦，乔木遮蔽，是人间仙境，梦中乐园。熙宁十年，沈括被贬到宣州时，有位道士向他称赞润州京口山川之胜，他就花三十万钱在那里买下一处田园。之后，沈括因公务繁忙，一直没有去看过。直到元丰八年，他

奉召途经润州时，第一次看见自己已购置多年的田园。眼前的园地景致令沈括兴奋不已，这正是他梦中所游之处，是他梦寐以求的乐园。他给庄园取名梦溪，并开始雇人修筑房舍以备将来居住。当沈括将自己经历十二年苦心研修而成的《天下州县图》进献给朝廷后，终于换来了宋哲宗"许任便居住"的特赦令。重新恢复自由的沈括立即携全家老少、僮仆来到了他向往已久的梦溪园。

沈括晚年深居于梦溪园中，几乎断绝了与外界的交流，终日寄情于山水之间，与笔墨纸砚为伴，所与谈者，唯笔砚而已。他或泛舟湖上，或垂钓水边，或抚琴挥墨，过着山林隐逸的生活。

沈括在梦溪园呆了八年，这期间朝廷曾授予他左朝散郎、守光禄少卿，分司南京（今河南商丘）的闲职，虽没有什么实际工作，也没有任何实权，但至少可以得到一份分司官的俸禄。

沈括一生博览古今，勤奋好学，对书无所不通，且著述颇多。但在众多著述中，流传最广、影响最大的当属《梦溪笔谈》（含《补笔谈》）。沈括在自然科学方面的成就也集中反映在这部著作之中。沈括晚年因永乐城陷被罢官后，就将全部的精力投入到《梦溪笔谈》和《补笔谈》的写作中，他对自己生平所思、所见、所

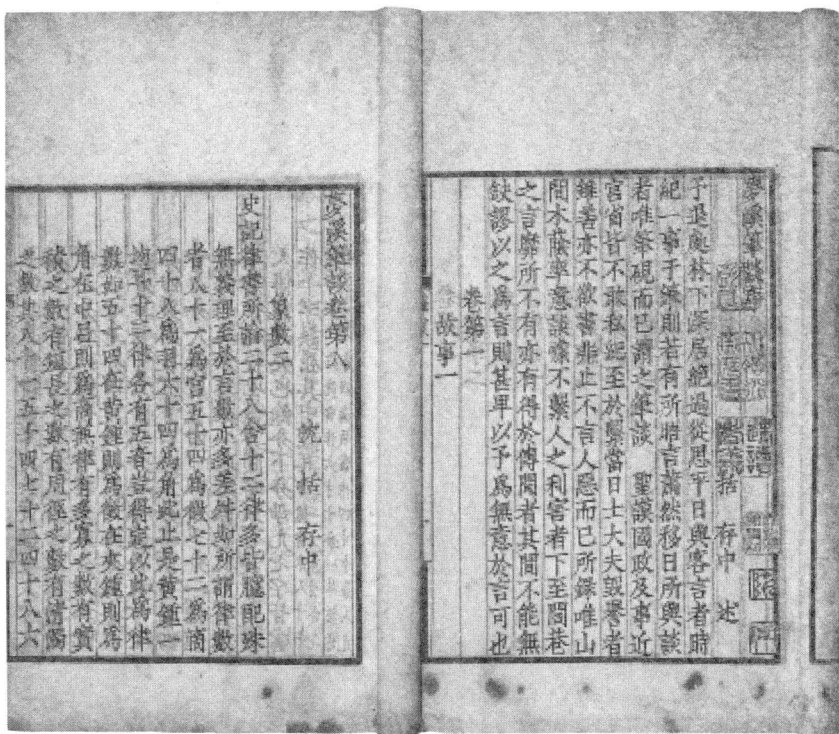

闻中重要的内容进行回忆、记录、整理，终于完成了他一生中最重要的著作。

（一）《笔谈》与《梦溪笔谈》

沈括正是凭着《梦溪笔谈》的影响而受到学者的极大关注，确立了他在中国乃至世界科技史上的地位。不过，他的这部名著在宋代共有两个书名，即《笔谈》与《梦溪笔谈》，当时称《笔谈》者更为普遍。在宋元时期影响较大的几部目录著作中，称沈括所著书为《笔谈》的有，宋郑樵《通志略·艺文略》第六《小说》："沈存中《笔谈》二十卷。"元脱克脱等《宋史》卷二〇六《艺文志五·小说类》："沈括《笔谈》二十五卷。"称沈括所著为《梦溪笔谈》的目录著作有，宋陈振孙《直斋书录

解题》卷——《小说家类》：

"《梦溪笔谈》二十六卷，沈括存中撰。"元马端临《文献通考》卷二一六《经籍考》四三《子·小说家》："《梦溪笔谈》二十六卷中有：皇朝沈存中撰。"

沈括的这部著作究竟应该称《笔谈》还是《梦溪笔谈》？如何解释一部著作却存在两个书名的现象？对此，清朝目录学家周中孚提出了"省文"一说，认为沈括的著作应该称《梦溪笔谈》，《笔谈》是《梦溪笔谈》的省称。

上述史实说明，沈括笔记以《笔谈》为书名的版本在两宋时已广泛流传，《笔谈》并不是《梦溪笔谈》的省称。

沈括将自己的笔记定名为《笔谈》，这应该是最权威的证据。周中孚在没有进行细致考证的情况下，依据个人的主观推测，认为《笔谈》是《梦溪笔谈》的省称，这一观点显然是错误的。

　　既然沈括自题书名为《笔谈》，为何又会出现一部《梦溪笔谈》？《梦溪笔谈》又是如何取代《笔谈》成为沈括笔记的正式书名且流传至今的？

　　这其中最主要的原因是，沈括晚年居于梦溪园，梦溪也就成了他的别号。宋代的文人士大夫好附庸风雅，在称呼他人时较少直呼其姓名，而是代之以字、号、官称等以表示对他人的尊重。这一点从两宋时期的大量文集、笔记小说中可以得到验证，如以字尊称王安石为王介甫，以号尊称朱熹为晦庵先生等等。古文句句相接，没有标点符号加以区分。当

刊刻、引录某部著作时，作者的称谓与所撰书名就很容易紧密相连，浑然一体，如《杨文公谈苑》《丁晋公谈录》《王文正公笔录》等，这些书名的前半部分主要是表明该书的作者，却成为书名的一部分。同样沈括自题书名为《笔谈》，世人在谈及他的这部著作时称"沈存中笔谈"或是"梦溪笔谈"。存中是沈括的字，而梦溪则是他的号，这两种说法在当时应该都是可以接受的。

这种将作者的名号、别称等加进书名中的做法还是有可取之处的，它可以让人看见书名就知道作者，一目了然。《梦溪笔谈》的书名较之《笔谈》更加贴切，它用梦溪两字点明了书的作者，更容易为世人所熟知与接受。也许正是由于上述原因，才使得《梦溪笔谈》逐渐取代《笔谈》而成为沈括笔记的正式书名，以至于后人竟怀疑《笔谈》为《梦溪笔谈》的省称。

(二)《梦溪笔谈》的内容与价值

关于《梦溪笔谈》的成书时间，李约瑟博士认为该书完成于宋哲宗元祐元年（1086年）；胡道静认为该书撰述于元祐（1086—1093年）年间，而且大部分是于元祐三年定居润州梦溪园以后写的；李裕民在此基础上又作了进一步的考证，认为在沈括迁往润州之前已基本完成了《梦溪笔谈》二十六卷本的书稿。初到梦溪园后，沈括又对原稿加以增修，成三十卷本。大约在元祐七年至八年间，沈括又作《补笔谈》，作为三十卷本的补遗之作，后又有《续笔谈》。也就是说，沈括从永乐城败被罢官，软禁于秀洲开始，他就全身投入《笔谈》的写作。当他携全家迁往润州的梦溪园时，

书稿已经基本完成。

《梦溪笔谈》全书原有三十卷，现存二十六卷。《补笔谈》和《续笔谈》出现得比较晚，明代的《稗海》初刻本《梦溪笔谈》中还没有《补笔谈》和《续笔谈》，直到重新刊刻时才被收入。《梦溪笔谈》的内容十分广泛，按现代学科分类来看，它覆盖了自然科学与人文科学两大领域。著名科技史家李约瑟曾按照现代的科学分科，对《梦溪笔谈》整部著作的内容进行分门别类的统计，列成三大类二十五个项目共计584条，具体如下：

表一 李约瑟《梦溪笔谈》分类表

总类	内容	条数	总计
人事材料	官员生活和朝廷	60	270
	学士院和考试事宜	10	
	文学和艺术	70	
	法律和警务	11	
	军事	25	
	杂闻和轶事	72	
	占卜、玄术和民间传说	22	

总类	内容	条数	总计
自然科学	《易经》、阴阳和五行	7	207
	数学	11	
	天文和历法	19	
	气象学	18	
	地质学和矿物学	17	
	地理学和制图学	15	
	物理学	6	
	化学	3	
	工程学、冶金学和工艺学	18	
	灌溉和水利工程	6	
	建筑学	6	
	生物科学、植物学和动物学	52	
	农艺	6	
	医学和药物学	23	

总类	内容	条数	总计
人文科学	人类学	6	107
	考古学	21	
	语言学	36	
	音乐	44	

胡道静在《梦溪笔谈校正》中曾引录了李约瑟的统计，但同时指出，《梦溪笔谈》的版本非常多而且不同学者所统计的条目也略有出入。至于李约瑟是依据何种版本作出的统计，还不清楚。

胡道静在校正《梦溪笔谈》时，所依据的是1906年的陶氏爱庐刊本，原书共594条，经重新校定后定为609条，这一结果现已被大多数的学者所接受。关于全书的内容，胡道静在李约瑟的基础上作了更细致的分析与归类，新的统计分为人文科学、自然科学两大类，共二十八项。

表二 胡道静《梦溪笔谈》分类表

自然科学		人文科学	
类别	条数	类别	条数
数学	4	经学	16
天文历法	22	文学	34
气象	12	艺术	25
地质	11	法律	10
地理	16	军事	16
物理	5	宗教、卜筮	28
建筑	8	经济	21
水利	9	史学、考古	28

自然科学		人文科学	
类别	条数	类别	条数
生物	32	语言文字学	19
农学	8	音乐	44
医药	43	舆服	12
工程技术	16	典籍	17
地理	16	军事	16
		博戏	4
		杂闻、轶事	92
小计	189	小计	420

从上述二表中可以看出，李约瑟与胡道静在对《梦溪笔谈》内容进行分类时存在着一定的差异：其一，李约瑟将全书内容分为"人事材料""自然科学"和"人文科学"三大类，而胡道静则将"人事材料"的内容进一步细化并分别纳入"自然科学""人文科学"之中。其二，在具体的条目归类方面，李约瑟统计的584条中归入自然科学的有207条，约占总条目的35%；而胡道静统计的条目为609条，比李氏多出25条，但属于自然科学的内容却只有189条，占总条目的31%左右，比李氏的统计数要少。其三，在各门学科的内容统计中，两表格也存在差异，如李氏表格中的数学、天文历法的条目分别为11条和19条，而胡氏表格中则分别为4条和22条。可见，李氏和胡氏在对《梦溪笔谈》的内容进行分析与统计时，还是有所不同的。

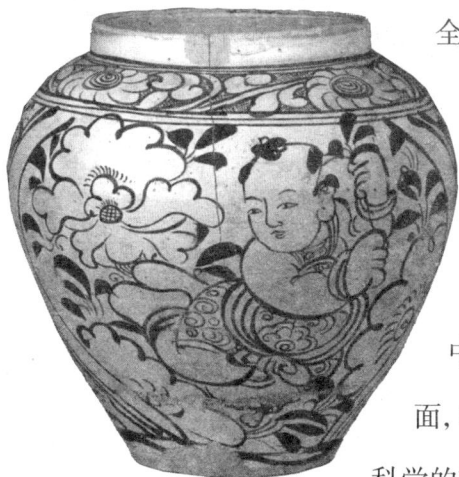

在对同一部著作的内容进行归类、统计时，不同的学者之所以得出不同的结论，这主要与沈括的博学多识及《梦溪笔谈》内容的广博有很大关联。随着社会的进步与科学的发展，学科的分类也逐步细化、具体。然而各学科领域之间并不是绝对隔离的，而是具有一定的相通性。《梦溪笔谈》中的许多条目所包含

长江萬頃

的内容都非常丰富，涉及的学科领域也很多，很难将其具体地划归某一学科。如沈括对"应弦共振"现象的实验与研究既是物理学上的成就，同时也体现出他在天文学上的贡献，而在具体计算过程中所运用的"圆法""妥法"则属数学学科范畴；他对"秋石"炼制方法的记述既可归为医药学，又可归为化学类；在《梦溪笔谈》第134条中，沈括首先讲到医家的"五运六气"之术，属医药学内容，接着又记录了自己成功预报天气的情况，属于气象学内容，而天气又与农艺有着紧密的联系。《梦溪笔谈》中类似这样横跨多学科、多领域的条目非常多，很难将它们具体地归入某一学科门类。特别是"人事材料"内容多以记录历史、政治、人物为主，但其中也蕴含着大量人文科学、自然科学方面的信息。

此外，统计结果的不同也与学者在进行分类时对各条内容的理解以及侧重面的不同有关。李约瑟作为一名科技史家，他对《梦溪笔谈》中涉及科学技术史方面的内容更加关注，在他的统计数字中归入自然科学的条目也自然要多一些。这从王锦光、闻人军《沈括的科学成就与贡献》一文中可以得到验证，该文统计出的科技史料共有255条，比李约瑟的统计多出了48条，约占全书的42%。显然，由于学者在从事研究时的方法、观点以及侧重面的不同，所得到的结果也会有较大的差异。正因为如此，李约瑟进一步指出，若从广义的科学范围来看，《梦溪笔谈》中的科学内容几乎可以占到全书篇幅的五分之三。

表三 王锦光、闻人军《梦溪笔谈》分类表

内容	小类	条数	条数
自然观	阴阳五行	13	13
数学	数学	9	12
	度量衡	3	
物理学	物理学	19	40
	乐律	21	
化学	化学	9	9
天文学	天文学和历法	26	26
地学	气象学	10	37
	地理学	20	
	地质学	3	
生物医学	生物学	71	88
	医药学	17	
工程技术	工艺技术和冶金	13	30
	建筑学	10	
	农田水利工程	7	

《梦溪笔谈》是沈括一生在从事自然科学与人文科学研究方面的成就总汇，是对政治、人事、自然、人文、技巧、工艺等进行探索、阐释幽微的智慧结晶。书中所涉及的学科领域十分广泛，这从上述所列三张《梦溪笔谈》的分类表格中就可以清楚地看出。沈括在编撰《梦溪笔谈》时，按内容将全书划分为十七个门类：故事、辩证、乐律、象数、人事、官政、权智、艺文、书画、技艺、器用、神奇、异事、谬误、讥谑、杂志、药议。他在撰写《补笔谈》《续笔谈》时，也依此十七个门类分别追加记述。

沈括的《梦溪笔谈》如此受到世人的重视，这本身就证明了它的价值所在。它不但是中国科学技术史的宝贵财富，在世界科技史上也占有一席之地。《梦溪笔谈》的价值主要体现在全书内容的广博

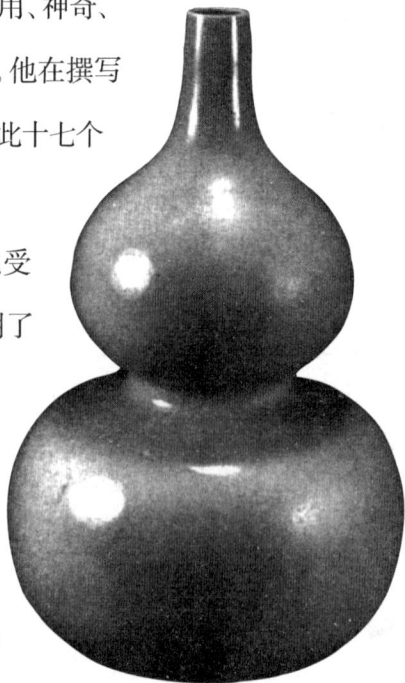

精深，以及沈括在自然科学上的成就和在人文科学方面的真知灼见。

在自然科学方面，沈括的研究范围涵盖了数学、物理、化学、天文历法、气象、建筑、水利工程、生物医药学等众多领域。《梦溪笔谈》正是因为在科学技术方面的大量记载而备受世人的瞩目，有关科学技术的条目约占全书的五分之二甚至是五分之三。沈括对科学技术的记录有两个来源：一是他通过亲自观察、亲自实践等科学活动所取得的认识与成就。如他首创的"十二气历"是对传统历法的挑战，他的隙积术和会圆术开辟了中国传统数学研究的方向，他的海陆变迁及流水侵蚀理论被誉为富有创新价值的"卓识"等等。二是沈括对同时代人或是前人的科技发明加以忠实地记录。这中间最突出的就是他对布衣毕昇发明活字印刷术的记载，沈括以科学家的眼光敏锐地捕捉到这项创造发明的价值，并用科学家严谨的态度将它如实地记录下来。

在人文科学方面，《梦溪笔谈》的内容主要包括：典章制度、财政、军事、外交、文学、历史、艺术、考古等等。这些内容不仅涉及面非常广，所反映的学科知识的层面也十分丰富。如记典章制度，有本朝和前朝的官制、礼制、兵制、舆服、仪卫、文书、掌故等；叙财政，有盐钞、茶马、铸钱、均输法等；讲军事，有作战、阵法、兵器、屯边、筑城、运粮、战术、谋略等；在外交活动方面有详尽的宋辽双方边界记录；文学方面有精辟的诗文评论及诗作；叙艺术，有绘画、书法、乐理、乐器制造等。沈括对各方面均有独到的见解。《梦溪笔谈》还比较客观地记述了北宋一些重大的历史事件。如王小波、李顺起义，张皓在宋辽和议过程中的作用等，极具史料价值，可以纠正正史之偏见。

《梦溪笔谈》无论在科学技术史上，还是在人文科学研究领域都具有很高的价值，这是不争的事实。虽然书中的记载也存在一些错误，但是瑕不掩瑜，《梦溪笔谈》依然是一部极具学术价值的笔记，它被公认为是中国历史上笔记小说中知名度最高、影响最大的一部。该书以提供丰富的学科内容并具有很高的学术价值著称于世，被誉为中国古代百科全书式的优秀著作。书中所记录的各类学科的知识，反映了11世纪中国最新的科学技术成就。《梦溪笔谈》的巨大成功也为沈括赢

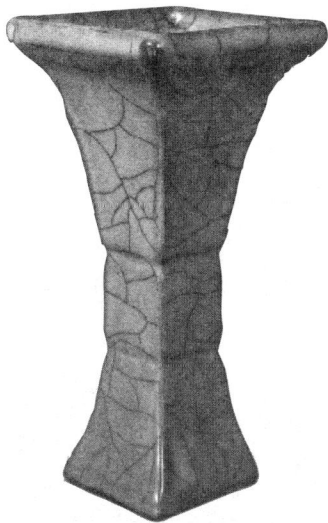

得了无比的荣誉，被誉为"稀世通才"。

（三）《梦溪笔谈》在国外的传播

人类的知识文化，总是相互传播、相互影响、超越国界的。一个民族的优秀著作，从来都是不胫而走，不受语言文字的限制。我们祖国那些宝贵的文化遗产，例如楚骚、《三国演义》、《红楼梦》、老庄之书、马班之史、李杜之诗，早就被翻译成多种外国文字，有的书还不止一个

译本。现在就来讲讲11世纪的这部重要科学著作《梦溪笔谈》在国际上受到重视、研究和印播的情况。

《梦溪笔谈》首先是因为其中有一个篇章十分准确而详细地记录了世界上首先创造发明活字版印刷术的人物和情况，作为一条非常珍贵的技术史料而为国际文化史界所注目、所引用，沈括的这部著作也就闻名于世。最早提到《梦溪笔谈》的，大概是法国学者斯丹尼斯拉斯·茹莲，他于1847年在巴黎出版的《亚洲杂志》上发表了一篇研究活字印刷术起源的文章，用法文翻译了《梦溪笔谈》的这段记述。

对《梦溪笔谈》做了最深刻研究的外国学者，应当说是英国的科学史家、《中国科学技术史》的著者、皇家学会会员、英国学术院院士李约瑟博士。他的巨著共七大卷，第一卷是总论，在这一卷里他对《梦溪笔谈》做了概括而又十分恰当的

评述；以后许多卷是各门学科的专史，在这些卷里详细记述了《梦溪笔谈》中有关的条文，征引原文加以英译。李约瑟博士对《梦溪笔谈》做了认真的分析后得出一个结论，他认为《梦溪笔谈》的科学内容，广义地说，几乎占全书篇幅的五分之三，并断言沈括可以说是中国科学史中最卓越的人物,《梦溪笔谈》是中国科学史上的坐标。

首先把《梦溪笔谈》全部译为一种外国文本的，是通过一衣带水的日本学者的努力，经十五年的工作后取得的成就。日文全译本工作由京都大学人文科学研究所前所长薮内清博士在任时发起，组织了研究中国科学史的各门学科的日本学者二十多人，自1963年起定期攻读《梦溪笔谈》，做好翻译、注释的准备，其中包括田中谦二（关西大学教授）、吉田光邦（京大人文所教授）、北村四郎、北林四郎、渡边正等。直到1966年6月把两卷

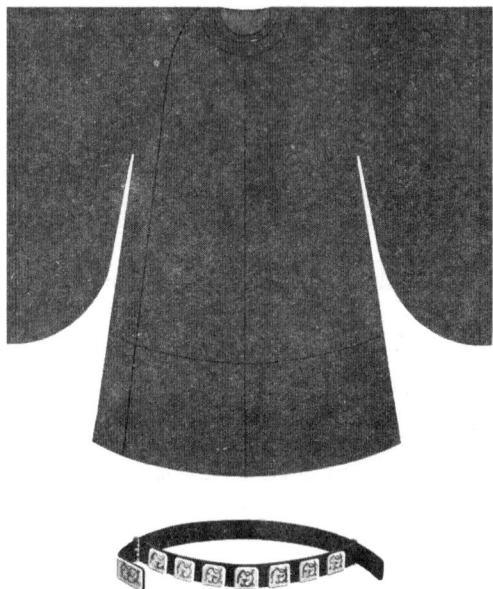

本的《梦溪笔谈校正》通读完毕。1968年
1月起着手进行沈括原著的国字翻译，由
于这部著作涉及的方面广泛，学者们克
服了很多的困难，进行了大量的核对，才
逐条把译文确定了下来。日文译本分为三
册，第一册于1978年12月发行，第二册于
1979年9月发行，第三册于1981年11月发
行。

在法国，著名的汉学家侯思孟教授
对于沈括和《梦溪笔谈》也做了专门的研

究，曾用英文写出论文，发表在荷兰出版的著名东方学刊物《通报》上，题为《沈括和他的〈梦溪笔谈〉》。

在美国，鲍德教授在1942年写的一本《中国对西方的贡献》里提到了沈括。近年来，美国的汉学界也开始重视中国古代科学文明的研究课题，费拉德尔非亚城宾夕法尼亚大学的南锡·席文教授也写了沈括的传记。

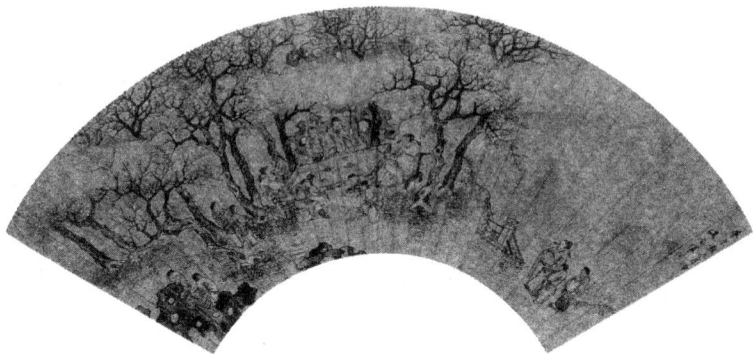

　　在意大利,有位汉学家瓦萨也研究过《梦溪笔谈》。他在1915年发表于《东方研究》上的《中国笔记》一文,共有五篇,其中第二篇至第五篇都是评价《梦溪笔谈》的内容的,它们是:第340条述宜兴陨星,第307条述活版印刷,第304条述僧一行算棋局都数,第356条述毕昇为方士王捷锻金。

　　《梦溪笔谈》宋本今已不存。此本据南宋乾道本重刊,尚可窥宋本旧貌,亦为现存最早版本。书为蝴蝶装,开本宏朗,版心极小,刻印精致,书品佳妙,在元代刻本中独具特色。元明时期秘藏宫廷,书中钤有"东宫书府""文渊阁"等印。以后流入民间,为藏书家陈澄中所得。

三、科技成就

在宋代，我国古代科学技术的发展达到了一个高峰，沈括是攀登这座高峰的科学群英中的杰出代表。

《梦溪笔谈》所涉及的学科领域十分广泛，它不但是沈括平生科学研究成果的结晶，也记录了古代和宋代的科学技术成就，是对沈括所处时代最新科技水平的总结。时至今日，很少有人能全盘读懂《梦溪笔谈》所包含的各学科的专门知识，当代学者只能从各自所擅长的领域，对沈括所取得的成就或记载的科技知识加以剖析和认识，也有至今仍未能彻底揭示其寓意所在及科学价值的内容，需要继续探索。本章以《梦溪笔谈》为主要依据，在已有研究成果的基础上，对沈括在科学技术方面的成就及其贡献，按数学、物理、化学、天文学、气象学、地学、医药、工程技术、音乐等学科逐一进行评述。

（一）在数学、物理和化学方面的成就

宋代是中国古代数学最辉煌的时期

之一。沈括的《梦溪笔谈》中有十多条有关数学的讨论，内容既广且深，堪称我国古代数学的瑰宝。

沈括最重要的数学探讨是隙积术和会圆术。所谓隙积，指的是有空隙的堆积体，例如堆积的酒坛、叠起来的棋子等，这类堆积体整体上就像一个倒扣的斗，与平截头的长方锥（刍童）很像。但是隙积的边缘不是平的，而中间又有空隙，所以不能照搬刍童的体积公式。沈括经过思考后，发现了正确的计算方法。他以堆积的酒坛为例说明这一问题：设最上层为纵横各2个坛子，最下层为纵横各12个坛子，相邻两层纵横各差1坛，显然这堆酒坛共11层；每个酒坛的体积不妨设

为1，用刍童体积公式计算，总体积为3784/6，酒坛总数也应是这个数。

显然，酒坛数不应为非整数，问题何在呢？沈括提出，应在刍童体积基础上加上一项"（下宽－上宽）×高/6"，即为110/6，酒坛实际数应为（3784＋110）/6＝649。加上去的这一项正是一个体积上的修正项。在这里，沈括以体积公式为基础，把求解不连续的个体的累积数（级数求和），化为连续整体数值来求解，可见他已具有了用连续模型解决离散问题的思想。

会圆术是对圆的弧矢关系给出的比较实用的近似公式，主要思想是局部以直代曲。沈括进一步应用《九章算术》中弧田的面积近似公式，求出弧长，这便是会圆术公式。沈括得出的虽是近似公式，但可以证明，当圆心角小于45°时，相对误差小于2%，所以该公式有较强的实用性。这是对刘徽割圆术以弦（正多边形的边）代替圆弧思想的一个重要佐证，很有理论意义。后来，郭守敬、王恂在历法计算中，就应用了会圆术。

在《梦溪笔谈》中，沈括还应用组合数学法计算得出围棋可能的局数是3361种，并提出用数量级概念来表示大数3361的方法。沈括还在书中记载了一些运筹思想，如将暴涨的汴水引向古城废墟来抢救河堤的塌陷，以及用挖路成河、取土、运输，最后又以将建筑垃圾填河成路的方法来修复皇宫等。沈括对数的本质的认识也很深刻，指出："大凡物有定形，形有真数。"显然他否定了数的神秘性，而肯定了数与物的关系。他还指出："然算术不患多学，见简即用，见繁即变，乃为通术也。"

沈括在数学方面最重要的成果就是隙积术和会圆术。隙积术在我国数学史上开辟了高阶等差级数求和的研究领域，比国外计算高阶等差级数的公式早

五百多年, 会圆术为我国球面三角学的发展奠定了基础。这两种方法, 开辟了中国传统数学新的研究方向, 对宋元时期中国数学的高度发展, 功劳甚大。沈括在数学方面的精湛研究, 使他成为一位伟大的数学家。

《梦溪笔谈》资料翔实可靠，科学性强，见解精辟。其中涉及物理学方面的内容主要有声学、光学和磁学等方面，特别是在磁学方面的研究成就卓著。

沈括在《梦溪笔谈》中留下了历史上对指南针的最早记载。他在卷二十四《杂志一》中记载："方家以磁石磨针锋，则能指南，然常偏东，不全南也。"这是世界上关于地磁偏角的最早记载。西方直到1492年哥伦布第一次航行美洲的时候才发现了地磁偏角，比沈括的发现晚了四百年。沈括在《梦溪笔谈》的《补笔谈》第三卷《药议》中又记载道："以磁石

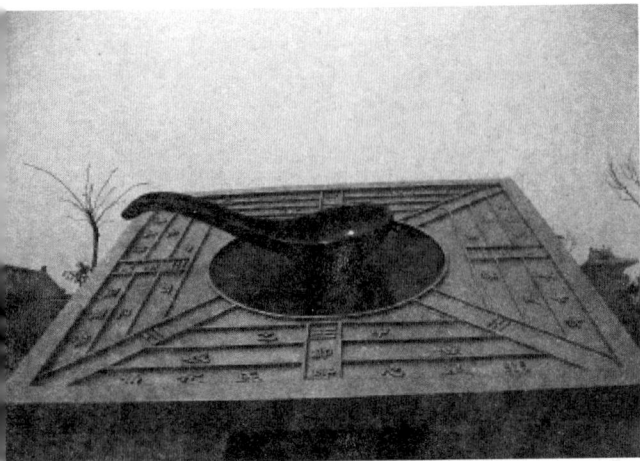

磨针锋，则锐处常指南，亦有指北者，恐石性亦不同。"沈括不仅记载了指南针的制作方法，而且通过实验研究，总结出了四种放置指南针的方法：把磁针横贯灯芯、架在碗沿或指甲上，以及用丝线悬挂起来。最后沈括指出使用丝线悬挂磁针的方法最好。

在光学方面，《梦溪笔谈》中记载的知识也极为丰富。关于光的直线传播，沈括在前人的基础上，有更加深刻的理解。为说明光是沿直线传播的这一性质，他在纸窗上开了一个小孔，使窗外的飞鸟和楼塔的影子成像于室内的纸屏上面进行实验。根据实验结果，他生动地指出了物、孔、像三者之间的直线关系。此外，沈括还运用光的直线传播原理，形象地说明了月相的变化规律和日月食的成因。在《梦溪笔谈》中，沈括还对凹面镜成像、凹凸镜的放大和缩小作用作了通俗生动的论述。他对我国古代传下来的所谓透光镜的透光原因也作了一些科学解释,推动了后来对透光镜的研究。

在声学方面,沈括在《梦溪笔谈》中精心设计了一个声学共振实验。他剪了一个纸人,把它固定在一根弦上,弹动和该弦频率成简单整数比的弦时,纸人就跳跃,而弹其他弦时,纸人则不动。沈括把这种现象叫做"应声"。用这种方法显示共振是沈括的首创。在西方,直到15世纪,意大利人才开始做共振实验。至今,在某些国家和地区的中学物理课堂上,

教师还使用这个方法给学生做关于共振现象的演示实验。

《梦溪笔谈》中有关化学与化工的内容记录约有9条，沈括的成就主要表现在石油、冷光、胆水浸铜、炼钢、制盐等方面。

石油是当今世界最重要的能源之一，最先给石油命名的就是沈括。早在汉代，中国人已经发现了石油，如《汉书·地理志》上已有"高奴，有洧水，可燃"的记载，对石油资源的利用也早就开始了。但是关于石油的名称却极不统一，《汉书》称"洧水"，其他还有"石液""石脂

水""石漆""泥油""火油"等等，名目繁多。沈括在《梦溪笔谈》中首次使用"石油"这一科学名称，是在准确把握地下矿藏属性、特性的基础上进行的高度概括。此后"石油"成为通行的名称一直沿用至今。

石油在宋代主要被视为制作猛火油的原料。在两军作战时，士兵将铁罐内的猛火油掷向敌军阵营以烧毁敌方的城楼、帐幕、船只或辎重装备。这在当时是一种比较先进的武器。《梦溪笔谈》中没有记录石油在军事上的作用，这也许是为了保守军事机密。北宋一直受到辽与西夏政权的军事威胁，两军对峙中宋军在武器上占有很大的优势。为确保这种优势，宋朝对武器制造技艺严格保密，规定军器监工内的工匠只能按口诀配方来打造兵器。用石油制造武器，这在当时属于高度机密，沈括也不可能将制作方法记录下来。

沈括在开发石油的民用价值方面迈出了可喜的一步。他看见石油燃烧时冒出浓浓的黑烟，将房间内的帷帐熏黑，所谓"石油多似洛阳尘"。敏锐的直觉告诉他

可以利用燃烧石油而生成的烟灰来研制石墨。他还给石油烟墨取了非常好听的名称"延州石液"。一些士大夫在试用了沈括的"延州石液"后都赞不绝口。

《梦溪笔谈》还记载了化学发光和生物化学发光这两种自然现象，即所谓的冷光现象。沈括对自然现象的观察称得上是细致入微，在科学研究中注意相关资料的积累与归纳比较。沈括把不同时间、不同地点、不同人物所提供的冷光现象都逐一记录下来，并结合自己的观察与分析归于一则笔记，从而变成了一条具有较高科学价值的观察记录。

根据沈括的记录并结合现代研究来分析，"墙柱之下，有光熠然"的光是磷化氢在空气中自行燃烧所发出的光；而鸭卵"灿然通明如玉"的莹然之光，则是由于蛋内荧光素在荧光酶的催化作用下与空气化合所发出的光。前者属于化学现象，后者则属于生物化学的范畴。虽然沈括还不能对发光现象作出合理的科学解释，但他在归纳分析的基础上总结出"物有相似者，必自是一理"的道理。

沈括还记录下了"胆水浸铜"（硫酸铜溶液炼铜）这一重要史实。胆水即含晶水的硫酸铜，在11世纪初，人们已经观察到铁与硫酸铜溶液经过化学置换反应后可生成硫酸铁和铜，而沈括的记述则首次揭示了以胆水浸铜获取铁、铜的过程。后来，朝廷大规模地设场、监，利用硫酸铜取

铜的方法炼铜，铸造社会流通的钱币。

沈括不了解"胆水浸铜"生成铜的化学原理，他用中国传统的"五行"思想来加以解释，认为"土之气在天为湿"故而推导出"土能生金石，湿亦能生金石"的观点。这是由科学发展的历史局限性所造成的。

宋代盐的种类甚多，沈括按照食盐的产生和性质将其归纳为四类：海盐、池盐、并盐及岩盐。这种分类法符合现代的食盐分类法。沈括还对解州盐池地区的气候特征和采盐方法作了介绍，对食盐的制作技术作了科学的总结。他意识到，制盐时掺入淡水有利于降低杂质，提高盐的质量，但是如果掺入浊水反而会使"盐不复结"。究其原因，沈括认为是大量胶着状的液体注入卤中后，在迅速沉淀的过程中会破坏食盐的结晶，"盐遂不成"。沈括对食盐结晶过程的观察分析以及对制盐方法的总结，至今仍具有一定

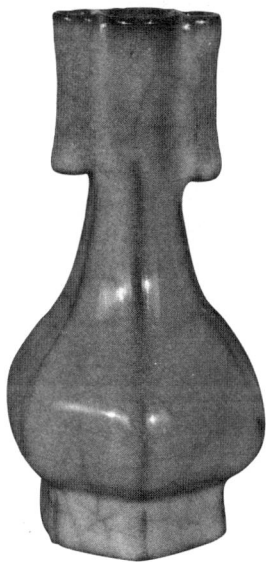

的参考价值。

（二）在天文与气象学方面的成就

《梦溪笔谈》中关于天文历法的记载有26条，此外，沈括在提举司天监期间撰写的《浑仪议》《浮漏议》《景表议》等，也是天文观测仪器制造与使用方面重要的科技文献。沈括从治平三年开始天文学研究，很快就在"二十八宿"星象方面取得突破，形成独立见解。沈括在天文学方面的成就是多方面的，从天象的观测与记录、天文观测仪器的改进到历法的修订与理论总结等，他都作出了卓越

的贡献。

在天文历法方面，沈括观测天象十多年，发现真太阳日长度不是固定的，而是有长短变化的。"冬至日行速""夏至日行慢"。冬至时太阳运行快（实际上是地球公转快），太阳在天上还没有运行到一周而刻漏浮标上所表示的一日已经到了，所以这一天实际上超过一百刻；而夏至时太阳运行慢（实际上是地球公转慢），太阳已经运行到一周而刻漏一日还没有到，所以这一日实际上不到一百刻。沈括的这一解析与近代天文学的结论是一致的。

沈括还进一步指出，太阳运行时间长短的变化是一个渐进的过程，不会突然出现大的改变。据研究，北宋时地球公转近日点、远日点与二至相近，沈括要直接测得真太阳日的长短变化，所用观测仪器的计时误差必须小于十秒。

可见沈括自制的天文计时仪器的精确度已达到非常高的程度。

沈括在天文历法方面的成就，首推《十二气历》的制订。中国传统的历法是阴阳合历，节气和月份之间的关系不统一，由此产生一系列的问题："或气至而时未至，或时至而气未至。"气是指十二节气，传统的农事活动主要是依据节气的变化来安排。而初一、十五仅表示月相，并无实际意义，但旧有历法却以月朔

为主。气朔交争导致一月的节气与该月的
朔相差很远,如春分、雨水都可能不在本
月。这种本末倒置的安排容易造成混乱,
极不合理。沈括指出,导致气朔交争的主
要原因在于四时周期与月相周期不一致。
为了达到使节气与月份相一致的目的,
旧历中往往采用增加闰月的办法。因此
在对旧有历法提出批评的同时,沈括根
据自己对天象的观察,大胆地提出了取
消闰月,直接以十二节气为一年的新历
法,称之为《十二气历》即太阳历。

　　沈括的《十二气历》,废除了
阴阳合历中的置闰月之法,而
根据十二节气(立春、惊蛰、清
明、立夏、芒种、小暑、大暑、
立秋、白露、立冬、小寒、大寒)
来制定十二个月的历法。也就是以
"十二气"为一年,而不是以十二月为
一年。如以立春为正月初一,以惊
蛰为二月初一,余按此类推。由于节

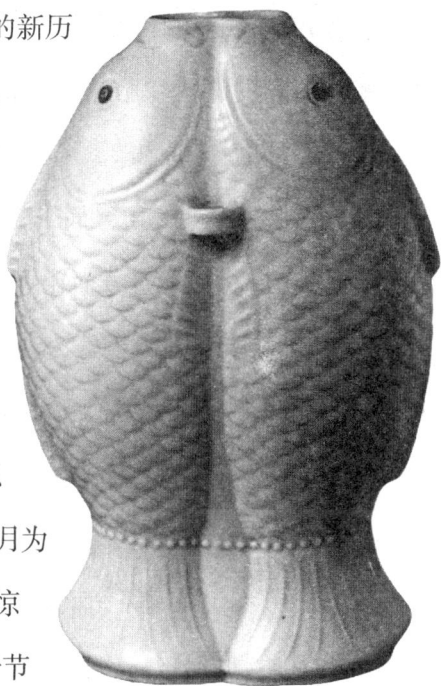

气有长短，所以月份也有大小之分，大月三十一日，小月三十日，大小月相间隔。这样就不必再置闰月。尽管说沈括"永无闰余"的设想很难达到，但将月份与气节相统一则是完全可以实现的。由于月亮有盈有亏并会影响到海潮的涨落和胎育，沈括又主张在历书上注明月亮的圆缺。

沈括所制的《十二气历》属于阳历，既简单又实用，它在某些方面比现行的公历更优越。首先，它以节气来制定月份，这就使每年的季节固定，更加方便农事活动的安排。其次，《十二气历》不置闰月，且大月、小月相间排列，较为整齐。而现行的公历不仅有闰月，而且大月、小月之间的排列也不整齐，七、八两月是大月相连，二月则一般只有二十八天。因此说，沈括创立《十二气历》是历法史上一次重大的创新。竺可桢先生对沈括的《十二气历》给予了很高的评价，认为沈括所创《十二气历》"较现行历法合乎理想"且"最合老百姓所需"。

在天文历法方面，除了以上提到的《十二气历》外，沈括还有其他重要的成就。例如，他在对金、木、水、火、土五大行星的观测中，翔实地描述了五星的运行轨迹，生动形象地用柳叶描述五星因逆行而产生的轨道特征。开普勒最早提出行星是沿椭圆形轨道运行的，但沈括用柳叶描述五星运行的轨道特征与开普勒的研究成果非常接近，可见沈括的成就比开普勒要早几百年。值得关注的还有，沈括用自创的"圆法""妥法"等计算方法，对真太阳的日长度进行了计算，而且，他还对日月食进行了深入的研究，认为黄道与月道两者之间有一个交角，只有

当黄道、月道运行到一个相交点上或是附近，日月食才会出现。在天文观测仪器方面，沈括设计改进了多种仪器，尤其是对漏壶的改进，在漏壶的发展史上占有重要地位。

天文学是一门综合性的学科，尤其在古代分工不细的条件下，天文学家既要掌握天文数学，又要懂得制作、修理观测天象的工具，还要兼备精湛的天象、历法等知识。其难度之大，非常人所能登攀。沈括是一位博学多识的学者，他所涉足的科学领域非常广。他在天文学方面的高深造诣和取得的成就越来越被世人所接受，在中国天文学史上占有重要的地位。

沈括是一位以富国强兵为己任、注重务实的官员，也是一位兴趣广泛、学识渊博的学者，他对气象学也给予了极大的关注，花费很多精力来观察、研究天气的变化，在气

象学方面取得了可喜的成就。其中有些成果在当时即发挥了作用，有的则给后世留下了可供借鉴或研究的珍贵资料。

沈括十分重视对风、雷、雨、霜、雹、虹、海市蜃楼等大气物理现象的观察和研究，也重视对大气的预测。面对众多在当时还无法解释的自然现象，古人往往用神怪、迷信观念予以解释，甚至将它看作是上天对人类的惩罚。而沈括作为一名科学家，他努力用自然界自身变化的规律来探究这些现象产生的根源，并且在吸取前人进步思想的基础上作出接近科学的解释，留下了许多珍贵的、有较高科学研究价值的记录。

如对海市蜃楼现象的记载：海市蜃楼是一种大气光学现象，它通过太阳光的折射和全反射把地面上的物体（如宫室、房屋、桥梁、行人或树木等等）显示在远处水面上或高处密度特别大的云层中，给人造成一种幻觉。在古人眼里，海市蜃楼就是可望而不可即、可遇而不可求的仙境。沈括在《梦溪笔谈》中对这种观点提出了质疑。他虽然不能对海市蜃楼的现象作出解释，但是已经意识到海市蜃楼是一种自然景观，这已经是非常难能可贵的了。

又如对雨后彩虹现象的分析：古人对雨后彩虹这一大气光学现象不了解，遂将彩虹视作"能入溪涧饮水"的神物。

北宋科学家孙彦先认为："虹乃雨中日影也，日照雨则有之。"但是他的观点并不被世人所接受。沈括在出使北辽的途中，对彩虹现象进行观察，发现彩虹有方向性：迎着太阳时看不见，只有背着太阳时才能看见。沈括在实地观察的基础上，对世间流传的"虹能入溪涧饮水"之类的怪诞说法加以否定，肯定了孙彦先"虹乃雨中日影"的观点，对世人影响较大。

沈括在长期观察天气的过程中，对大气演变的情况进行分析、归纳和总结，提出一些带有规律性的变化原则。他还利用自己在气象学方面的知识，成功地

进行了一次天气预测：在北宋熙宁年间，开封地区持续旱灾，晴而不雨，当天气转阴后人们都以为要下雨了，却还是赤日炎炎。而当大家都感到绝望时，沈括却果断地预言"期在明日"，第二天果然下起了大雨。这在当时是一项了不起的成就。

沈括不仅自己预测天气，还对民间的天气预测经验极为重视。《梦溪笔谈》中记录了一则民间的避风术。在江湖中行船的人最害怕遇上暴风，若毫无防备往往会酿成船毁人亡的惨剧。有一位经常乘船来往于各地的商人，在对天气作了长时间的观测后总结道：夏天的大风多发生在午后，准备乘船出行的人早上五更天起来，若看见天上星月明皓，四周也没有云气的话，就可以放心乘船并赶在巳时前上岸，这样就不会遭遇风暴。据说这个办法非常有效，有人曾以此法行走江湖，未尝遇风。这种避风术，到现在还有实际的意义。

在气象方面，沈括还记录了雷电融化金属却不烧焦漆器的现象。沈括对雷电现象并不能给出科学的解释，但他没有把这种自然现象与上天的意志联系在一起，而是进行客观的、如实的记录，这是非常了不起的。

沈括在气象学研究方面视野十分开阔，《梦溪笔谈》中还记录了一些关于古今气候变迁、物候，还有高度、纬度与植物品种关系方面的内容，且多有创见。

（三）在地理学、医药学、农学上的成就

沈括在地理学方面也有许多卓越的论断，反映了我国当时地理学已经达到了先进水平。他正确论述了华北平原的形成原因：根据河北太行山山崖间有螺蚌壳和卵形砾石的带状分布，推断出这一带是远古时代的海滨，而华北平原是由黄河、漳水、滹沱河、桑乾河等河流所携带的泥沙沉积而形成的。当他察访浙东的时候，观察了雁荡山诸峰的地貌特点，分析了它们的成因，明确地指出这是水流侵蚀作用的结果。他还联系西北黄土地区的地貌特点，做了类似的解释。他观察研究了从地下发掘出来的类似竹笋以及桃核、芦根、松树、鱼蟹等各种各样的化石，明确指出它们是

古代动物和植物的遗迹，并且根据化石推论了古代的自然环境。这些都表现了沈括可贵的唯物主义思想。在欧洲，直到文艺复兴时期，意大利人达·芬奇对化石的性质才开始有所论述，比沈括晚了四百多年。沈括视察河北边防的时候，曾经把所考察的山川、道路和地形，在木板上制成立体地理模型。这个做法很快便被推广到边疆各州。熙宁九年（1076年），沈括奉旨编绘《天下州县图》。他查阅了大量档案文件和图书，经过近二十年坚持不懈的努力，终于完成了我国制图史上的巨作《守令图》。这是一套大型地图集，共计二十幅，其中有大图一幅，高一丈二尺，宽一丈；小图一幅；各路图十八幅（按当时行政区划，全国分做十八路）。图幅之大，内容之详，都是以前少见的。在制图方法上，沈括提出分率、准望、互融、傍验、高下、方斜、迁直等九法。他还把四面八方细分成二十四个方位，使图的精

度有了进一步提高，为我国古代地图学做出了重要贡献。

沈括对医药学和生物学也很精通。他在青年时期就对医学有浓厚兴趣，并且致力于医药研究，搜集了很多验方，治愈过不少危重病人。同时他的药用植物学知识也十分广博，并且能够从实际出发，辨别真伪，纠正古书上的错误。他曾经提出"五难"新理论，沈括的医学著作有《良方》等三种。现存的《苏沈良方》是后人把苏轼的医药杂说附入《良方》之内合编而成的。

沈括在农学方面亦有非凡的建树，这主要表现在农田水利建设、天气环境等因素与农作物的关系方面，特别值得一提的是《梦溪笔谈》中丰富的茶文化。

《梦溪笔谈》全书总计三十卷，其中《笔谈》二十六卷，《补笔谈》三卷，《续笔谈》一卷。书中记载了丰富的饮食文化

内容，茶文化就是其中一个重要组成部分。《官政一》《官政二》《谬误》《杂志一》《杂志二》和《辩证》中都有丰富的茶文化内容。

对于茶叶的税收，沈括进行了细致的统计，对茶税进行了精确的计算，并对茶税收入划分为茶净利、茶租和交引钱进行了分类统计，给后人以重要的参考。在计算时他采用取数量居中的那一年或那个数字的统计方法，这样就让我们看到北宋时期的总体茶税情况。这也体现了他的科学思维。最后，他又对六榷货务和十三山场每年买茶的数量与茶租，取数

量居中的进行统计，其中十三山场中太湖场与石桥场的买茶数量与茶租较多。但是我们应该看到，无论宋朝的统治者茶税政策怎么变更，都始终是围绕自身的利益来进行的。

（四）在科技工程学、音乐学上的成就

中国古代的科学技术，在世界科技

史上占有重要的地位。四大发明中除造纸术外,印刷术、指南针与火药都是在宋代得到进一步完善与普及的。值得称道的是,指南针技术的完善与应用,以及印刷术由雕版印刷到胶泥活字印刷的发展过程,都与沈括密切相关。

这里首先应当提到的是沈括所总结记载的劳动者毕昇、喻皓和高超的科学发明以及河北工人炼钢、福建农民种茶的宝贵经验,这些成果的出现与传播不仅在科学史上写下了光辉的篇章,与此同时,也为沈括的科学观提供了最有力的佐证。

印刷术是我国古代四大发明之一,是对世界文明的一大重要贡献。而毕昇所创造的活字印刷术,作为印刷术上划时代的重要革新,正是它的主要标志,它早于欧洲四百多年,沈括的这一记载不仅成为我们今天了解活字印

刷术发明人毕昇的唯一原始资料，同时也是我们明晰我国印刷术由雕版印刷向胶泥活字印刷发展这一历史进程的主要依据。

喻皓是五代末至北宋初的著名建筑工匠，擅长建造木塔等高层建筑，曾负责建造过开封的开宝寺塔。在杭州梵天寺重建时，他不仅用"布板""实钉"加强了结构强度，还科学地解决了木塔的稳定问题，所著《木经》是我国古代一部重要的建筑工程专著，由于出自工匠之手，一直为历代封建统治阶级所鄙视，早已不存于世。沈括的记载是唯一可供后人参考的有关《木经》的宝贵资料。

高超是宋仁宗时富于实践经验的水工，当时黄河在商胡决口，洪水漫溢，泛滥成灾，而决口却迟迟不能堵塞。在此关键时刻，主持工程的官员均束手无策，而高超却大胆提出了三节作业的合理建议，经采纳实施后，终于巧合龙门，为解除黄河水患做出了重要贡献。

我国冶铁技术早在春秋战国时期即已跃居世界前列，不少先进的冶铁技术与加工工艺，一直在世界处于领先地位。《梦溪笔谈》中就记载了由汉族劳动人民发明的剂钢为刃、柔铁为茎干的蟠

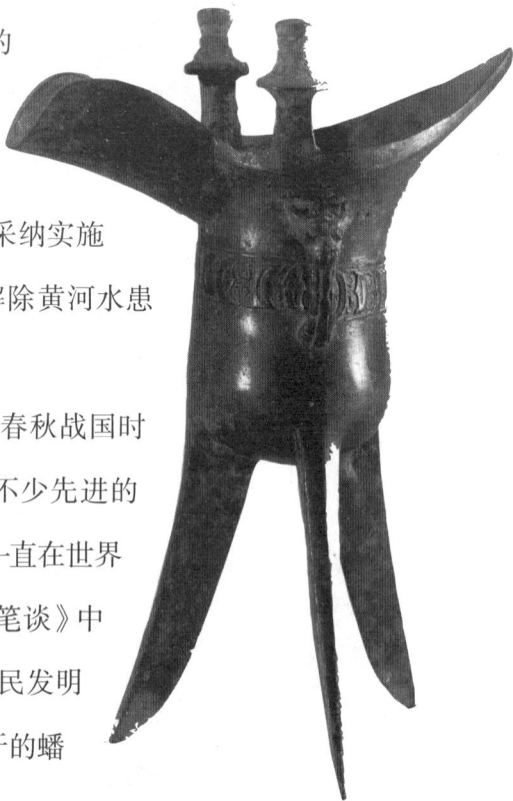

钢剑，灌钢和百炼钢工艺等，详尽描述了少数民族地区的冶铁技术。青堂羌族人民冷锻铁甲，加工简便，性能优异，是我国早期钢铁锻造技术的杰出成就之一。这种冷作金属硬化法，利用冷变形来提高钢的硬度与强度，同时钢表面没有斑点，光洁明亮，还可使钢锻得比较薄，迄今仍是强化金属的重要手段之一。

沈括对音乐也有很深的造诣，他著有音乐专著《乐论》一卷、《乐器图》一卷、《三乐谱》一卷、《乐律》一卷，但都已失传。现存他晚年的重要著作《梦溪笔谈》，其中关于音乐的论述，反映了他的音乐思想和在音乐学上的贡献，在中国音乐史上占有重要地位。

沈括在音乐学方面的成就和贡献，有如下几个方面：1. 对音乐声学一般原理作了科学的解释； 2. 对古代宫调理论及有关工尺谱字作了论述和整理； 3. 对乐器考古、乐器制造、演奏技术以及乐曲史料作了有价值的记录和评论，留下了数量甚多的生动而翔实的记载。

此外，他还留意于音乐表演艺术与歌曲创作艺术的探讨，例如"声中无字、字中有声"的演唱经验。在创作方面，他指出某些人按谱填词时，不顾曲调所表现的情感而呆板地套用，是"哀声而歌乐

词，乐声而歌怨词，故语虽切而不能感动人情，由声与意不相谐故也"。

沈括作为一位科学家，不肯因袭旧说，敢于破除迷信，重视科学实践和调查研究。他在音乐声学上有深入的探索和重要的发现，他在律学、宫调理论和音乐史实方面的记载和论述，对了解唐宋乐制的演变和音乐的发展有重要的参考价值。

四、历史评价

（一）在科学发展史上的地位

随着《梦溪笔谈》的问世和相关研究的不断深入，学者们无不惊讶于沈括的博学多识，以及对科学永无止境的探索精神。著名的英国科技史家李约瑟称《梦溪笔谈》为"中国科学史上的坐标"，并盛赞沈括是中国整部科学史中最卓越的人物。美国学者席文也对沈括作了

比较全面而客观的评价，认为他的《梦溪笔谈》是每一个研究早期中国的考古、音乐、文艺批评、经济理论或外交的人必须参考的。沈括的成就涵盖了自然科学和人文科学两大领域。但在科学技术飞速发展的近现代，他在自然科学方面的贡献备受瞩目。沈括的科技成就归纳起来主要表现在以下诸方面：

首创隙积术和会圆术；对凹面镜成像理论的探讨与实验；首次提出"石油"

的概念，对"石油"地质、产油区地表特征作了精辟阐释；建议采用《十二气历》，以太阳视运动作为计算依据；改良天文仪器，测得真太阳日的长短变化；最早记载磁偏角的存在；总结推广胶泥活字印刷技术；首次将"飞鸟直达"测量法运用于制图，并制造出最早的立体地图模型；对各种中医药方的收集和整理。

除了以上这些科学领域以外，沈括在《梦溪笔谈》中还记载了不少民间发明家的贡献。这在中国古代科学著作中是比较少见的，对于研究中国古代科技的发展具有重要的意义。例如毕昇发明活字印刷术，如果没有沈括的记载，我们可能也不会知道活字印刷术的发明者是谁。

此外，沈括对地质现象的解释，对风雨雷电等自然现象的探讨，对晶体的论述，对动植物形态和生态的描述等方面，都有许

多独到的见解。

在人文社会科学方面，沈括所取得的成就也是非凡的。他是宋代金石学的开创者之一，他对考古学的兴趣，集中在考究制度、用途及其意义等方面，是对古代文化的追寻与弘扬。他对中国古代三大音乐高峰——雅乐、清乐、燕乐的研究，有独到之处，特别是对燕乐的研究最全面、最深入，贡献也最大。

他是北宋著名的书画收藏家和鉴赏

评论家，他对写意山水画的推崇，以及绘画"当以神会"的审美观念，推动了宋代水墨写意山水画的繁荣及其在后世的发展。

他敢于冲破"重义轻利"的传统思想，重视劳动人民的斗争与创造，表现出进步的史观。

他提倡清新自然的文风，将科学与文学两者有机地融为一体，使《梦溪笔谈》成为一部言简意赅、文笔生动的散文集。

沈括之所以会成为中国科学史中最卓越的人物，不仅与他非凡的智慧、丰富的阅历有关，而且与他的科学思想、科学研究方法有关。沈括完全具备了成为著名科学家和学者的要素，这主要表现在以下四个方面。

第一，他具有强烈的好奇心和探索欲，这是每一位成功的科学家必备的素

质。沈括对自然万物、对人文艺术的兴趣，在孩提时就已经充分显现出来。在正式开始从师受业后，沈括仍然抽出大量的时间学习掌握包括自然科学在内的各种知识。沈括自幼就随做官的父亲奔波于南北，成年后又到各地任职。所到之处，他都要游历当地的名山大川，考察民风民俗，并虚心向民间的能工巧匠求教，真正实践着"读万卷书，行万里路"的为学之道。沈括正是在师法自然、求教百工的过程中，不断丰富着自己的学科知识。可以说，他对"学问"的认识，对"博学"的理解，在深受传统思想影响的士大夫中是十分少见的，也是极其可贵的。

　　第二，沈括具有敏锐的观察力、高度抽象的思维能力、严谨的治学态度和实事求是的科学精神，这些也是每一位成功的科学家所必备的。沈括善于用科学的眼光捕捉到一些细微的变化，善于发现有价值的信息和问题。他能在当时的科技条件下，在极微小的偏差下发现磁偏角的存在；他能在人们习以为常的现象中，概括出石油的地下矿藏性和特征；他对冰霜的形态、石膏晶体的观察与描述等等，无不显示出敏锐的科学观察力。这

是沈括能够在科学研究领域取得突破性成就的最重要原因之一。当然,作为一位科学家,不仅要善于观察、发现问题,还必须具备解决问题的能力。这就需要有科学的思想和研究方法,沈括在这方面的表现也是极为出色的。沈括具有朴素的唯物论和辩证法思想,并以此来指导自己的科学研究,努力从哲学观上对前人的研究成果进行分析和总结,对所发现观察到的自然现象进行探究和解释。这在"重人而轻自然"的传统文化背景下显得十分可贵。沈括还具有高度抽象的思维能力,他的"格术成像"理论,即是最

好的例证。此外，沈括的治学态度十分严谨，对于那些自己尚不能解决的问题，他一般不会妄加推测，而是实事求是地记录下来。

第三，沈括还有强烈的批判精神和创新意识。他不盲从前人的观点，反对将前人观点作为"定法"的全盘接受。他坚持"不胶一法"，敢于推翻不正确的旧说，大胆创新。他认为自然现象"率皆有法"，应该本着实事求是的原则和严谨的科学态度，去努力探索自然规律。在科学研究方面，沈括是非常自信的。他对于自

己认为正确的结论敢于坚持，勇于承受各种非议。他坚信自己的《十二气历》将来一定会被世人接受；他预见到石油的利用价值和开发前景；他对"海翻则塔影倒"观点的批评，对古代"云梦泽"的考订，对潮汐现象成因的推断等等，都体现出一位科学家所具有的执著与自信。可以说，执著的探索精神和坚定的科学信念，也是沈括走向成功的关键。这一切都基于他渊博的学识和科学的研究方法。

第四，沈括从事科学研究带有很强的
"经世致用"思想。作为熙宁变法运动的
积极参与者，沈括与一般政治改革家的
不同之处就在于，他始终以富国强兵、资
生利民的思想来指导自己的科学研究。
纵观沈括一生的科技活动，他在农学、医
学、数学、天文历法、地质矿产、地理交
通、应用物理与化学等领域的研究，大多
是从生产、生活的实际需要出发。数学往
往被视为深奥的纯基础理论研究，但沈
括从事数学研究有着强烈的实用色彩，

用数学方法来解决农田水利、工程技术等方面的实际问题。他的隙积术与会圆术也是在解决实际问题的过程中创立的。古代中国是农业大国，从以农为本、以农立国的思想出发，沈括还特别重视对风、雷、雨、霜、雹等大气物理现象进行观察和研究，努力寻求预防天灾的办法，尽量减少灾害损失。可以说，在将科学研究与社会实践相结合，使科学更好地服务于社会大众方面，沈括为我们树立了很好的榜样。

沈括的成功是科学与政治相结合的一个典范。在宋代，很多士大夫都是从小学习科举，希望从此进入仕途。沈括起初并不热衷于政治，直到23岁时迫于生计才以父荫入仕。为了摆脱"十年试吏"的困境，32岁的他才首次参加了科举考试。进士登第成为沈括政治生涯的转折点，他用十年时间就成为管理国家财政的最高长官。政治上的成功也为沈括的科学

研究提供了更多的机会和更大的动力，他的许多重要科学成就都是在这段时间内取得的，他的博学多识得到越来越多官僚士大夫的肯定。在传统社会中，虽然科技发明与创造的主体是那些从事具体劳动的民间工匠，但是他们往往因为社会地位低下而得不到应有的重视。事实上，如果不是沈括独具慧眼，发现了毕昇胶泥活字印刷的价值，并加以记录、推广，这项人类历史上的重大发明很可能会被湮没，活字印刷术的诞生时间可能会

被推后。

因此说，在11世纪的中国出现沈括这样一位著名的科学家，这既是传统社会政治、经济、科技、文化综合发展的结果，也是沈括个人才华和智慧的集中体现。沈括的成功对后世具有深刻的启示意义。但是，我们在称赞沈括的博学和成就的同时还必须看到，沈括作为一千年前的科学家，他的科学研究水平和认识能力，必然会受到所处时代的科学发展水平、科学思想的制约，沈括的研究还存在诸多问题。

在科学研究方面，沈括的某些研究结果存在缺陷，甚至是错误的。具体而言，他用哲学上的"气"来解释日月食，认为"日、月，气也，有形而无质"。这一观点显然是不正

确的。他对于日月食方位和食分大小的记载，"除了关于食既的几句外全都错了"。事实上，宋代许多学者对沈括的历法水平也大多持怀疑态度。沈括虽然发现了磁针有指南、指北的特性，但他没有进一步得出一切磁体都具有南北两极的肯定结论。沈括总结了人们对透光镜透光原理的解释，基本正确但还不完全，因为镜面能否透光还与抛光方法有关。如果镜面微有凹凸，光线照在上面，凸处和凹处反射光线的能力不同，也会产生透光的现象。沈括首次用实验揭示了声音共振

现象，但只限于频率相同或高一倍的谐音，他对声音协和关系的认识并不全面。此外，沈括在化石的判断上也有一些差错，《梦溪笔谈》中还有一些数学计算方面的错误。

沈括在科学研究方面的不足和错误，有的是受到当时科技发展水平以及科学思想的制约；有的则是他自己疏忽造成的。而繁忙的公务和广泛的个人爱好，也在很大程度上限制了他对科学研究的深入。

　　沈括的治学风格也具有中国古代学者的一般特点。作为传统社会中的优秀知识分子，他是集政治家、科学家于一身的学者。但从个人的经历来看，沈括首先应该是一名官僚士大夫，其次才是一位科学家。在将近三十年的从政生涯里，他怀着儒家入世的积极心态，尽心尽职地做好自己的工作，科学研究则一直是处于个人兴趣爱好的次要地位。尽管沈括早年并没有很强的做官愿望，但是当他真正踏入仕途后，传统士大夫强烈的使命感和责任感促使他将更多的精力投入到政治上，更加关注社会现实和百姓疾苦。在任职期间，沈括先后到过浙江、安徽、江苏、河北等地，还奉命出使北方的辽国，过着辗转各地、四处奔波的生活。沈括一生所担任过的官职也非常多，每到一个新的工作岗位，他所面临的困难和挑战都不尽相同，需要用知识和经验去面对、去解决。作为一名政治家，沈括

过于强调科学研究服务于社会实践的功能性一面,他的许多有价值的创新活动,都是在处理政务、解决实际问题的过程中完成的。一旦问题解决,或是调换了新的工作,他原有的研究内容也基本停滞下来,他的科研重点也相应地转移。这使得他的科学研究缺乏系统性。而且,在漫长的为官岁月里,繁忙的公务,频繁的工作调换,以及激烈的权力较量,都使沈括的精力受到很大牵制,不能专心于科学研究。

沈括自幼兴趣广泛,他所从事的研究领域非常多,上自天文,下至地理,无所不包。但是一个人的时间、精力毕竟都是有限的,即便是一位天才,也很难在所涉及的各个领域内都取得卓越的成就。在这一点上,沈括已经是一个非常值得骄傲的特例,他也因此被誉为中国历史上的"稀世通才"。然而研究面过宽,也使他的研究呈现出多点、多面的特点,缺

乏更加系统深入的研究。"广博"与"精深"的矛盾，在沈括身上也不可避免地并存。事实上，沈括很早就已经意识到"专"与"博"难以兼顾的问题，也希望自己能在精深方面有更大的作为。但他最终也没能很好地解决这一问题。从科学成就方面看，沈括的很多研究都是对前人成果进行补充、增订，或是记录、总结，真正属于他个人创新的内容相对比较少。究其原因，除去当时科技发展水平的局限外，主要还是他没能将研究更进一步地深入下去。

在科学思想和科学方法方面，沈括毕竟是生活在一千年前的学者，他的科学思想和研究方法虽然在当时的历史条件下是十分先进的，但他不可能像现在

的科学家一样，从本质上去阐明物质的本性，去认识客观自然的千变万化。沈括的科学思想必然受到他所处的那个时代的局限，有消极、落后的一面，这是由社会历史发展进程所决定的。

沈括具有朴素的唯物论思想，但还处在自发的、非定型的阶段，他的思想深处，仍然存留着一些唯心主义的杂质。与当时许多进步的士大夫一样，沈括对佛教、道教也有一定的研究，他的思想中掺杂有佛学的"虚""空"等内容，以及象数之学的神秘主义色彩。沈括强调事物的变化都有一定的内在规律，人们通过观察研究可以探寻并掌握事物的发展规律。但是，当他面对一些无法解释的"人境之外事"时，往往会从唯物主义的立场后退到神秘主义，将其归于上天的意志。他曾经记录了熙宁年间河州地区降雨雹的情况：

大小雨雹"悉如人头"，并将这一自然现象与宋军平定河州一事联系起来。显然，他并没能完全摆脱传统的"天人感应"说的影响。

因此说，沈括的科学思想不可避免地受到当时占统治地位的思想的影响，夹杂着封建性、神秘性的糟粕。面对一些难以解释的自然现象，他往往会游移于唯物与唯心、无神与天命之间，摇摆不定。正如美国科学史家席文所说："沈括本人并不是按照把中国科学的各个领域紧密联系起来的方式，而是按照把今天可以看作是科学的东西和大致可以称之为迷信的东西密切结合的方式，来综合自己对它们的理解。这个区别是理解沈括思想的关键。"

沈括的科学方法体现了朴素唯物论与辩证法的统一，这在当时历史条件下是进步的、先进的，但其中也存在着一些问题。这与中国的科技文化传统有密切关联。同时，从另一面说，沈括的研究方法在某些方面已经对传统的思维模式形成挑战。他注重用归纳和演绎相结合、一般与个别相结合的方法，通过对同类事物及现象的观察分析，找出事物之间的内在关联，并从中概括出一般性的原理。

他关于流水搬运理论、华北平原成因，以及延州地区古气候的推断等，即是最好的例证。沈括已经开始有意识地运用实验手段，力求在人工控制条件下获得确实的材料和数据。他在研究声音"共振"现象时，就设计了"纸人"实验。特别值得一提的是，沈括重视将数学方法运用于天文学、物理学等研究领域，用数学上的"妥法"和"圆法"来测定时间；用分层筑堰的水准测量法，丈量地势的高低差值。希望通过对"真数"的把握，进而探寻事物变化发展的规律，使研究更加精确、可靠。这些都是沈括高于同时代中国学者的地方。

但是，沈括的研究方法始终没能摆脱传统思维模式的影响。阴阳五行说仍然是他用来观察、研究、解释各种自然现象的重要方法。因此，中国传统思维模式的缺陷在沈括的研究方法中依然存在。在有关雷电的记录中，沈括虽然已经注意

到电击可以熔化金属，却不会烧毁漆器的现象，但是，他没能进一步将观察结果上升到理论层面，提出导电体和非导电体的概念。说明沈括的科技成果更多的还是停留在定性与经验的水平上，没有上升至理论的高度。

刘贷指出，沈括在各种科技上的发现和发明毫不逊色于西方的伽利略，但是他未能在此基础上建立起理论架构，而是在达到一定的层面后就裹足不前了，"以致伽利略式的科学纪元不会诞生在中国"。但是，这些并不能削弱沈括在中国古代科学发展史上的地位和影响，沈括无疑是那个时代最伟大的科学家。

（二）沈括的科学思想对我们的启示

在13世纪以前，我国的科学技术处在世界前列，这是世界公认的。沈括知识渊博，天文地理、政治文学无所不知，这是与他的科学思想和求知态度分不开的。他身上有许多闪光点值得我们学习。

1. 精心观察，仔细推理

物理是一门以实验为基础的学科。物理中的一些发现需要我们有敏锐的观

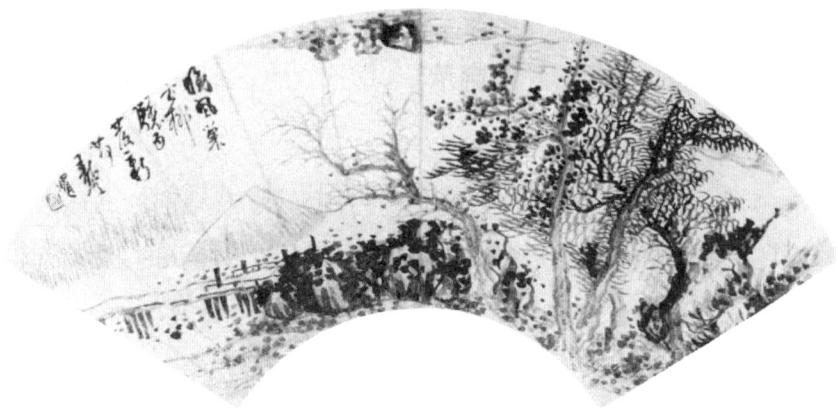

察力和洞察力。据考证,沈括当时居住在长江中下游地区,那里的磁偏角一般不超过3°-4°。如果不经过长期细心实验观察,很难发现这点微小的偏差。遗憾的是我们现在的学生做实验时,不仔细观察,对一些数据的出入认为是误差,而不认为是其他原因。有的甚至为了结论拼凑数据,这样会使许多发现从我们身边溜走。沈括对光的衍射现象的细心观察,留下了光学史上一笔珍贵的资料;在研究凹面镜成像时,他反复观察实验,得出比墨家更进一步的结果。

2.艰辛付出,持之以恒

成功的道路是曲折且艰辛的，需要我们有足够的毅力去探索和等待。沈括为了测量北极星与北天极的真实距离，设计了窥管，每夜三次，连续三个月，反反复复画了二百张图，最后得出当时北极星"离天极三度有余"的结论。还有做晷漏实验十余年等等。他兢兢业业，坚持不懈的精神值得我们学习，正如物理学家钱学森所说："要想出成果我准备三年打基础，而年轻人觉得三年出成果太慢，很着急，可是做研究工作性急是不行的，基础打得不牢总要吃亏，一定要积攒下足够的看家老本，我们要在一定领域有所建树，必须有耐心和恒心。"

3. 治学严谨，怀疑批判

沈括发现磁针有时指北，由于不知什么原因就笼统说了磁石性质不同，没有妄下结论，其实在一千六百年前没人知道原因。他不迷信传统理论和观念，在他年轻时说"天下书不可坚信"。他亲自实

践,通过长期考察批驳了卢肇认为海潮是"日出没所激而成"。所以我们不能全依靠课本,自己要刻苦钻研,物理上有很多未知等待我们去发现。沈括在物理上取得世人瞩目的成绩与他好学、不耻下问密不可分;他广泛调查,从一般百姓到隐居山林者都拜访请教过。沈括当时的许多实验就是用身边的一些器具做的。凹面镜成像经沈括亲自实验,得出符合现代几何光学的原理;用纸人验证共振比意大利达·芬奇早几百年。

4. 注重发明创造

在封建社会,许多文人认为发明创造都是工匠做的事,是雕虫小技,而沈括却不是这样,他绝不因其社会地位低微而有所藐视。在《梦溪笔谈》中,他介绍了编制《奉元历》的平民天文学家卫朴、发明巧合龙门压埽法的治河工人高超、精通建筑技术的木工喻皓以及一些从事其他手工业劳动的匠人。其中最为人熟知和津津乐道的是他对"活字印刷术"的记载。他亲眼目睹了毕昇制作用于印刷的活字，并观看了印刷的全过程，将这项发明详细记载在他晚年所编撰的《梦溪笔谈》里面。其中，他讲到了活字的制作、排版、印刷、保存方法，让后人对于活字印刷有了一个全面的了解。正是沈括的《梦溪笔谈》一书，才让世人知道了这些发明者对人类发展和社会进步所作的贡献。

5. 注重环境保护

作为一个科学家和政治家，沈括对森林资源逐渐枯竭非常担忧，他发明了用石油烟制墨的方法，倡导用石油烟取

代松木作为制墨原料，还号召人们树立爱林观念。他认为，除非是特殊需要，绝不滥伐，即使是为了制墨，也要尽可能地少伐或不伐，决不可以破坏森林。"石油"这个词，正是沈括最早使用并写进《梦溪笔谈》里的。

6. 勤奋踏实的治学精神

沈括之所以能成为在各方面取得卓越成就的科学家，靠的是勤奋踏实的治学精神。他以这种研究态度，经过十多年的观测，了解到昼夜时刻变化的规律，掌握不同季节的昼夜长短，认识到古人机械地平分一日为一百刻是不准确的，并第一次从理论上推导出冬至日昼夜一天的长度"百刻而有余"，夏至日昼夜一天的长度"不及百刻"的重要结论。勤奋踏实的沈括,随时随地都在审慎地、细致地观察自然界的各种现象。他对前人解释海潮是"日出没所激而成"表示怀疑。通过三个月的观察,沈括发现每当明月在正南或正北方时,海潮就上涨,百无一失。这样,他就否定了前人的说法。沈括敢于冲破传统观念束缚的创新精神以及注重实践、注重时效的科学态度值得后人颂扬和学习。

7. 谦虚坚韧的品格

沈括晚年在官场上受到排挤,心境不好,又有大病,但仍然坚持写完《梦溪笔谈》。平时他常向其他人请教,医师、平民、士大夫、山林隐者他都会访问。

沈括对自然界总的看法,已由感性认识开始上升到理性认识。这些成就使他成为宋代科学最具代表性的人物。日本数学家三上义夫在《中国算学之特色》中对沈括有这样的评价:"日本的数学家

没有一个比得上沈括，像中根元圭精于医学、音乐和历史，但没有沈括的经世之才；本多利明精于航海术，有经世之才，但不能像沈括的多才多艺……沈括这样的人物，在全世界数学史上找不到第二个，唯有中国出了这一个人。我把沈括称做中国数学家的模范人物或理想人物，是很恰当的。"英国剑桥大学教授李约瑟在他的《中国科学技术史》一书中认为：

"沈括可算是中国整部科学史中最卓越的人物。"

沈括是我们学习的榜样，而榜样的力量是无穷的，他所做的一切对我们的心灵产生强烈的震撼。我们不光看到沈括在科学技术上的成就，更感受到他那种热爱科学、尊重科学、不断探索、勇于奋进的科学意识和科学精神。即使在今天，沈括实事求是的科学精神，重视实践和比较重视群众经验的态度仍然值得我们学习。